Ricarda Paech

So ist das Leben ...
... manchmal

Gedichtband

Bibliografische Information der Deutschen Nationalbibliothek

Die Deutsche Nationalbibliothek verzeichnet diese Publikation in der
Deutschen Nationalbibliografie;
detaillierte bibliografische Daten sind
im Internet über http://dnb.d-nb.de abrufbar.

© 2021 by Ricarda Paech
Verlag und Druck: tredition GmbH,
Halenreie 40-44, 22359 Hamburg

ISBN: 978-3-8491-2064-1

Für alle, die das Leben lieben!

**„Das Leben ist kein Problem,
das gelöst werden müsste,
sondern ein Abenteuer,
das gelebt werden will!"**

„Dieses Leben ist manchmal auch
nicht unbedingt meine Party,
aber da ich schon mal eingeladen bin,
werde ich auch tanzen!"

(Weisheit)

Gelebtes Leben

Auf der Straße, da traf mich sein Blick,
ich wollte weiter und ging dann doch zurück,
in seinen Augen las ich von der Welt,
einem Leben voller Liebe, aber wenig Geld,
jetzt ist er einsam, denn im Mondenschein,
sitzt er auf einer kalten Bank allein!
Er erzählt von Orten, die ich noch nie sah,
vergangenen Träumen, viele wurden wahr,
von seiner Liebe, so unendlich groß,
sie war sein Schicksal, sein Leben und sein Los,
doch er hat verloren, sie ging viel zu früh,
mir kommen Tränen, obwohl ich mich bemüh,
sie nicht zu zeigen, doch ich bin bewegt,
er sagt, er hat sein Leben gelebt!

Dann geht verloren sein Blick ins Nirgendwo,
Leben und Sterben, ja das ist wohl so,
er sitzt schon lange still auf dieser Bank,
auf der Erinnerung in Sehnsucht versank,
was soll noch kommen, denn nur Tag und Nacht,
haben Leben und Abwechslung gebracht,
er sagt, er freut sich, dass ich stehen blieb,
mit meinem Lächeln einen Moment schrieb,
an den er sich erinnert, wenn die Sonne scheint,
diese Begegnung hat es gut gemeint,
er war so glücklich in diesem Augenblick,
das Leben holt die Zeit niemals zurück,
als ich ging, war mein Herz so schwer,
ich versprach, ich komme wieder – doch die Bank war
leer!

Das große Rätsel

Woraus ist unsere Lebenszeit gemacht,
warum ist der Tag hell und dunkel die Nacht?
Wie nah ist ein Anfang und wann bist Du bereit,
wie groß ist der Himmel, wie fern und wie weit?
Wohin führt Dein Weg und wirst Du glücklich sein,
willst Du Liebe im Format groß oder klein?
Wann brichst Du Dein Schweigen und warum,
wofür bringst Du Deine Prinzipien um?
Was willst Du erleben in Momenten, die den Atem
rauben,
wann verlierst Du Deinen ehrlichen Glauben?

Dem großen Rätsel um das Leben und seinem Sinn,
gaben sich schon immer Menschen hin,
manche glauben der Weg sei vorbestimmt,
manche das es nie ein Ende nimmt,
doch bei allem Raten, Suchen und Blindem,
muss jeder seinen Eigenen finden!

Wie viele Tränen weint ein gebrochenes Herz,
wenn keine Einzige lindert den tiefen Schmerz?
Woran zerbricht ein Lebenstraum im Sturm,
wann schlägt der König im Schach den Turm?
Wofür hast Du keine Zeit, wenn man Dich braucht,
wie oft wurde aus Asche nochmal Rauch?
Welche Wahrheit lässt Du sterben im Sonnenlicht,
wieso siehst Du manchmal Dein Leben nicht?
Was wirst Du fühlen, wenn das Leben zu Ende ist
und Du doch noch unendlich viel vermisst?

Der Zug der Zeit

Im Zug der Zeit will niemand reisen,
niemand wartet an den Gleisen,
an keiner Station steigt jemand ein
und niemand will Gast hier sein,
denn der Zug der Zeit bringt das Alter,
aus der Raupe wird ein Falter,
aus dem Mädchen eine Frau,
aus dem Grundstein wird ein Bau,
aus dem Feuer wird ein Brand,
aus Erfahrung wächst Verstand!

Der Zug der Zeit hält niemals an,
so wie Vögel, die man nicht fangen kann,
so wie ein Delphin im weiten Meer,
so rast der Zug, doch er ist leer!

In keinem Abteil ist jemand gewesen,
niemand hat den Fahrplan gelesen,
kein Schaffner wollte die Fahrkarten sehen,
keiner musste zum Ausgang gehen,
obwohl mit Schlaf – und Speisewagen,
wird niemand nach dem Zug je fragen!
Wer mitfährt, bleibt nie so jung wie er ist
und wer aussteigt, wird niemals vermisst,
wirst Du auch nur am Bahnsteig stehen,
immer wirst Du den Zug fahren sehen!

Auch wenn Du nie einsteigen wolltest,
ist, was Du begreifen solltest,
dass Du täglich Fahrgast bist!

Das Mondscheinkind

Ein kleiner Junge, noch nicht alt,
kennt schon des Lebens böse Gestalt,
die Sonne ist sein Todesfeind,
der ihn niemals mit dem Tag vereint!
Operationen über sich ergehen lassen,
niemals das Schicksal hassen,
so mutig lebt er jeden Tag seine Zeit,
die ihm vielleicht nicht mehr lange bleibt!
Die Krankheit ist unheilbar noch
und lebt die Hoffnung doch,
das in unserer fortschrittlichen Welt,
Gen-Therapie von neuen Möglichkeiten erzählt!

Niemals scheint die Sonne in sein Gesicht,
ohne Schutzkleidung darf er nicht ans Licht,
XP hat sein Lebenslicht ausgemacht,
für ihn gibt es nur noch die Nacht!

Traurig sieht er die Welt da draußen an,
die er niemals so berühren kann
und manchmal fühlt er nur noch Angst,
dass er nicht mal hat die Chance,
noch etwas älter zu werden!
Er würde so gerne reiten auf Pferden,
Fußball spielen, im Strandbad liegen,
doch er kann das Licht nicht besiegen!
Wirklich Schutz bietet nur die Dunkelheit,
doch mit ihr kommt auch die Einsamkeit!
Kleiner Mann, ich wünsch Dir Mut,
dann wird vielleicht mal alles gut!

Irgendwann heißt nie

Irgendwann werde ich auf Weltreise gehen,
irgendwann will ich den Horizont vom Meer aus sehen,
irgendwann lern ich eine fremde Sprache,
irgendwann träum ich von Dir, wenn ich schlafe,
irgendwann helfe ich Tieren in Not,
irgendwann bleib ich am Strand bis zum Morgenrot,
irgendwann will ich Kinderstimmen hören,
irgendwann werde ich alle Unstimmigkeiten klären!

Irgendwann heißt nie,
denn der Sand in der Uhr des Lebens zerrinnt,
frage nicht immer: Wie?
Weil grad ein neuer Augenblick beginnt!
Tu heute was Dein Herz Dir rät,
weil viel zu schnell die Zeit vergeht!

Irgendwann muss ich Freunde weit weg besuchen,
irgendwann werde ich Wellness-Urlaub buchen,
irgendwann bau ich ein Haus mit großem Garten,
irgendwann soll die Karriere starten,
irgendwann zähl ich nachts am Meer die Sterne,
irgendwann verrate ich Dir, ich hab Dich so gerne,
irgendwann mache ich alle meine Träume wahr,
irgendwann bin ich dem Ziel so nah!

Morgen, übermorgen, irgendwann,
doch bedenke, dass irgendwann auch zu spät sein kann!

Amok-Lauf

Heut morgen liegt die Stadt still und friedlich da,
doch in ein paar Stunden ist nichts mehr, wie es war,
ich hab's seit Monaten geplant
und niemand hat etwas geahnt,
die Waffen liegen bereit,
sie bringen mich in eine neue Zeit,
in der mich niemand mehr mit Füßen tritt,
vorbei die Stunden, in denen ich litt,
all die bösen Worte, gemein verpackt,
haben mich so weit gebracht!

Ich seh die Schule, alte Bilder,
in meinem Kopf Verbot und Schilder,
es ist mir egal, so was von egal,
sie alle können mich mal,
wenn sie tun, so entsetzt,
heut wird abgerechnet – jetzt!

Heult nicht rum, auf Tränen kann ich nicht,
ihr habt sie auch nie gesehen, in meinem Gesicht
und das es Euch quält, macht mir Spaß,
„bittere Rache" nennt man das
und diese blinde Wut,
tut mir einfach nur gut,
ich weiß, ihr werdet reden über mich,
nach der Nummer vergesst ihr mich nicht,
auch wenn ich sonst wie unsichtbar war,
ich gehe so, kommt ihr drauf klar!

Spieglein, Spieglein an der Wand

Schlanke und schöne Frauen,
kann man überall anschauen,
ob im TV oder zwischen bunten Bildern,
überall zu sehen der Jugendwahn auf Schildern,
keine Falten, keine Hässlichkeit
hält diese Welt aus Schein bereit!
Alles was alt macht, wird weg retuschiert,
damit niemand sein Gesicht verliert
und in der Werbung Cremes und Masken,
hungern, wenig essen und fasten!

Spieglein, Spieglein an der Wand,
wer ist die Schönste im ganzen Land?
Spieglein, Spieglein sag es mir,
sonst zerbrech ich Dich hier!

Männer sehen gern dieses eine Ideal,
doch für viele Frauen ist das fatal,
Magersucht und Bulimie,
gibt es nun so oft wie nie,
der Spiegel zeigt ein fremdes Gesicht
und eine Illusion in falschem Licht,
denn wenn nur Schönheit wichtig ist in dieser Welt,
dann ist es um sie sehr schlecht bestellt,
das Altern kann keiner verhindern
und Dummheit kann man leider nicht mindern!

Reisender ohne Ziel

Dein Leben lief so in seiner Bahn,
wie es mit Job, Familie, Liebe laufen kann,
doch dann zogen dunkle Wolken auf
und Dein „Schicksal" nahm seinen Lauf!
Gedanken fingen an zu quälen,
wichtige Dinge wollten nicht mehr zählen,
die Kraft der Sonne reichte nicht
und es schien nirgendwo ein Licht!
Der Sog nach unten hatte Macht
und auch am Tag war bei Dir Nacht!

Du bist ein Reisender ohne Ziel,
im Gepäck die Erinnerung,
Dir wurde alles viel zu viel,
doch Du bist noch zu jung!

Du bist ein Reisender ohne Ziel,
im Gepäck die Vergangenheit,
das Leben ist kein Spiel
und Dein Freund ist die Zeit!

Nie konntest Du so sein, wie Du wirklich bist
und hast eines Tages Dich selbst vermisst!
Wusstest nicht mehr aus noch ein,
wolltest fast nicht mehr am Leben sein,
Deine Seele war wie Blei so schwer
und Dein Herz so kalt und leer!
Du hast nichts mehr gespürt,
die Liebe hat Dich nicht mehr berührt,
der Sog nach unten hatte Macht
und auch am Tag war bei Dir Nacht!

Du bist ein Reisender ohne Ziel,
im Gepäck die Erinnerung,
Dir wurde alles viel zu viel,
doch Du bist noch zu jung!

Du bist ein Reisender ohne Ziel,
im Gepäck die Vergangenheit,
das Leben ist kein Spiel
und Dein Freund ist die Zeit!

Lass Dein Gepäck am Bahnhof stehen,
dann wirst Du Dein Ziel auch vor Dir sehen!

Neues Leben

Da leuchtet Kerzenlicht in Deinem Zimmer,
nichts ist wie sonst, nichts ist wie immer,
die Diagnose brennt sich in Dein Herz,
leise Tränen und endloser Schmerz,
Du solltest gleich bleiben zur Sicherheit
und verlierst das Gefühl für Liebe und Zeit,
Du brauchst Sonne, doch irgendwie ist alles still,
so ist also das Leben, dass man nicht will!

Ich will das alles vorbei ist
und mich das Leben küsst,
dass es nicht mehr weh tut
und dieses „Alles wird gut"!
Ich will das die Welt sich dreht
und den Schmerz, der vergeht,
ich muss wissen, dass ich am Leben bin
und verstehen, will ich den Sinn!

Monate sind vergangen, Du bist wieder frei,
hast gekämpft, geweint, nun ist es vorbei,
Du hast ein neues Leben angefangen,
bist Deine eigenen Wege gegangen,
falsche Freunde hast Du aussortiert
und alles was Dich nicht verführt,
zur Liebe oder rotem Wein,
glücklich und entspannt zu sein!

Wenn der Weg zu steinig ist

Es gab eine Zeit,
in der wir uns lieben,
wir waren bereit,
alles zur Seite zu schieben!
Doch der Wind wurde kälter,
der in den Herzen,
wir wurden älter,
ertrugen die Schmerzen!
Eines Tages sagtest Du zu mir:
„Bitte versuch mich zu verstehen,
ich muss fort von Dir,
kann nicht mehr weiter gehen!"

Wenn der Weg zu steinig ist,
den Du bis hier mit mir gegangen bist
und Du bleibst stehen, schaust zurück,
lass ich Dich los und wünsch Dir Glück!

Ich weinte bittere Tränen,
verlor mich in Einsamkeit,
fühlte dieses Sehnen
und kämpfte mit der Zeit!
Hab nicht verstanden warum,
das Leben so grausam ist,
war so klein, verloren und dumm,
denn es gab weder Streit noch Zwist!
Doch wenn Du nicht freiwillig bleibst,
werd ich Dich nicht halten,
wenn Du mich aus Deinem Leben streichst,
dann muss ich es neu gestalten!

Leise Stimme

Eine Nachricht an die Öffentlichkeit,
Bedauern, Entsetzen, Betroffenheit,
doch eine leise Stimme flüstert in mein Ohr:
Bring Du Deinen Verstand hervor,
glaub nicht alles, was man Dir erzählt,
lass zu, dass die Wirkung Dich verfehlt!

Die Politik verpackt Dir viele Lügen,
seicht und blendend und im Betrügen
mit Bildern, die das Spiel ergänzen,
mit Gedanken, die Dich so begrenzen,
nur diese leise Stimme schwört:
Sieh hin – bisher hast Du nur zugehört!

Um uns herum stirbt die Natur, das Leben,
sie hat bald nichts mehr abzugeben,
alles halb so schlimm, wird Dir erklärt,
doch wenn sich wirklich niemand wehrt,
wird die leise Stimme nur noch summen
oder vielleicht sogar verstummen!

Ich bin wütend, denn ich hab erkannt,
man schickt mich dauernd in ein neues Land,
dort hat die Wahrheit keine Gültigkeit,
keinen Raum, keine Macht, keine Zeit
und es ist egal, wem man vertraut,
denn von nun an – wird meine leise Stimme laut!

Lilien im Sommerwind

Irgendwo in einem fernen Land,
wollte ich von vorn beginnen,
war so frei und unerkannt,
um gegen den Strom zu schwimmen!
Bald bemerkte ich die ersten Steine
und ging zu Boden tief,
sie fielen auf meine Beine
und während ich laut rief:
„Warum tut Ihr mir das an?
Ich will doch nur atmen wie Ihr!",
da sagte laut ein Mann:
„Du bist nicht wie Wir!"

Der Sommerwind beugt die Lilien nicht,
seine Macht hat kein Gewicht
und auch in Sturm und Regen,
hängen sie stolz am Leben!

So stand ich auf, den Blick nach vorn,
warum reden Menschen so,
die Sprache war Hass, Wut und Zorn,
werde ich nie wieder froh?
Wo ist die Toleranz und das Gefühl,
wo ist Verständnis und wo die Liebe,
hier weht der Wind zu kühl,
wenn ich noch länger bliebe!
Tränen laufen über meine Wangen,
dabei wollte ich doch stark sein,
nun bin ich schon gefangen,
nur mein Herz, das kriegen sie nicht klein!

Wer nichts begehrt, lebt verkehrt

Du willst Liebe und Glück,
immer vorwärts, nie zurück,
Du willst schwimmen im Meer,
ein volles Glas wird niemals leer,
Du willst berühmt sein und reich
und manchmal den Vögeln gleich,
Du willst Frieden und Ruhe,
goldene Schätze in der Truhe,
Du willst lernen und Wissen,
niemals jemanden vermissen!

Wer nichts begehrt,
lebt verkehrt,
denn wunschlos und zufrieden,
wirst Du auch nichts mehr kriegen!

Du willst Ehrlichkeit für die Welt
und leben wie es Dir gefällt,
Du willst das Träume wahr werden,
Hoffnung finden, auf dem Rücken von Pferden,
Du willst Sonne und Regen,
alte Schuld und Schulden vergeben,
Du willst Seifenblasen fliegen sehen
und niemals traumlos schlafen gehen,
Du willst Gefühlen glauben und Vertrauen,
tausend bunte Luftschlösser bauen!

Vermisst

Ich hab seit Nächten nicht geschlafen,
bin seit Tagen wach,
wie soll ich das nur schaffen?
Ich bin so hilflos und schwach!
Du bist gegangen,
ich versteh nicht warum,
ich bin gefangen,
Tränen rollen stumm!

Wo bist Du?
Was ist geschehen?
Ich hab Dich so lange nicht gesehen!
Soll ich Dich suchen?
Oder ist es zu spät?
Ich will nicht, dass es so zu Ende geht!

Spuren die ins Leere laufen,
Du bleibst verschwunden!
Bist Du einfach nur weggelaufen,
hat Dich jemand gefunden?
Komm zurück, ich fleh Dich an,
ich bete, dass nichts passiert ist,
weil ich so nicht leben kann,
doch Du bleibst vermisst!

Die Würfel fielen jetzt

Ich dachte, mein Leben wäre gut und schön,
doch dann musste der Wind sich drehen,
aus dem Hauch wurde ein Orkan,
der mir schnell den Atem nahm,
plötzlich änderten sich die Dinge,
ich sprang über die schwarze Klinge,
hatte keine Wahl und keine Zeit,
aber war noch lange nicht soweit!

Die Würfel fielen jetzt,
verwirrt und tief verletzt,
blieb ich auf der Strecke,
egal, wie weit ich mich auch recke,
ich sah kein Weg, kein Land,
das Ziel blieb unerkannt!

Noch in der Tiefe fehlte mir die Luft,
die Gegenwart ist einfach so verpufft,
ich fühlte mich schon sehr verloren,
Gefühle sind im Eis erfroren,
noch hoffte ich, es wär ein böser Traum,
doch die Hoffnung gab der Wahrheit Raum
und um den Wellen zu entkommen,
rief ich laut: „Gewonnen!"

Auf dem Grund

Jeder von uns hat eine Vergangenheit,
Tränen und Wunden der Zeit,
manchmal tut die Erinnerung noch weh,
denn Rosen blühen nicht im Schnee,
vergessen gelingt nicht immer,
Einsamkeit macht alles schlimmer,
doch wenn man sich dann neu verliebt,
verschweigt man, was auf dem Grunde liegt!

Auf dem Grund
Deines Meeres,
liegt Dein Geheimnis versunken!
Auf dem Grund
Deines Herzens,
ist Deine Liebe ertrunken!

Vielleicht hast Du jemanden, den es nicht interessiert,
vielleicht auch jemanden, der es nicht kapiert
und so kann das Vergessen beginnen,
man kann sich auf das Glück besinnen,
auf Liebe und traute Zweisamkeit,
auf die Zukunft und Gelegenheit,
denn wenn man sich neu verliebt,
verrät man nicht gern, was auf dem Grunde liegt!

Endstation

Eine Entscheidung getroffen,
für keine Lösung mehr offen,
Gefühle verloren in der Zeit,
für diese Welt nicht mehr bereit,
denn es ist Nacht geworden,
im Süden, Westen, Osten und Norden,
die Liebe ging unter im Orkan
und keine Worte kamen mehr an!

Wie verzweifelt muss ein Mensch sein,
wenn er vor dem Leben flieht?
Wie verloren muss ein Mensch sich fühlen,
wenn er keinen anderen Ausweg sieht?
Wie hoffnungslos muss einem Mensch die Welt
erscheinen,
wenn so etwas geschieht?

Diese Kälte umklammert das Herz,
monatelanger, echter Schmerz,
dunkle Wolken am Horizont,
wo die Sonne nicht mehr wohnt,
im Chaos versinkt das Leben,
der Tag verliert sich im Regen
und die Seele ist erfroren,
als wäre man nie geboren!

Du lässt mich nicht atmen

Deine unsichtbaren Fesseln lassen mir keinen Raum,
Du zeigst Deine Macht in jedem einzelnen Traum,
Kälte dringt durch mein Herz,
Tag und Nacht fühl ich den Schmerz
und ich kann mich nicht wehren, nicht frei sein von Dir,
Deine Kraft ist zu stark und zu mächtig Deine Gier!

Du lässt mich nicht atmen,
Du lässt mich nicht leben,
Du hältst mich zu fest,
Du willst zu viel geben!

Lange blieb Dein Wesen unerkannt,
darum bin ich lange nicht fort gerannt,
doch als ich die Wahrheit deutlich sah,
spürte ich auch die große Gefahr,
dass Du mich nicht frei geben kannst,
vor lauter Unglück, Gefühl und Angst!

Der Gast, der nicht eingeladen war

Wenn ich morgens in den Spiegel seh,
dann erkenne ich mich nicht
und wenn ich durch dunkle Straßen geh,
brennt dort für mich kein Licht!
Ich bin so müde von den Worten,
von dem Mitleid, dem Bedauern,
dabei träum ich noch von fernen Orten,
ihr könnt später um mich trauern!

Denn jetzt lebe ich noch,
mit dem Gast, der nicht eingeladen war,
ich hab's mir nicht aussuchen können,
dieses Gefühl, den Schmerz, die Gefahr!

Wenn ich abends meine Augen schließe,
frage ich nicht mehr warum,
denn so wie das Leben fließe,
führt es mich in seinen Gärten herum!
Ich muss lernen, begreifen und verstehen,
der Weg bisher war nicht gut,
ich konnte ihn so nicht weiter gehen,
darum bekam ich Krebs und Mut!

Spuren von Rot

Sie liegt da, als wäre nichts geschehen,
die Leute vom Ort können es nicht verstehen,
sie war beliebt und die Königin,
doch seit heute Nacht macht nichts mehr Sinn!
Wieso hat keiner die Schreie gehört?
Wer hat in diesen Stunden alles zerstört?
Warum hat es soweit kommen müssen?
Wer trägt die Farbe von ihren Küssen?

Spuren von Rot,
kalter Nebel,
schwarzer Mond,
dunkler See!

Klirrende Worte und Fassungslosigkeit
machen sich seit jeher breit,
jeder schaut jeden fragend an,
weil jeder verdächtig sein kann!
Alle folgen einem guten Rat
und meiden den Platz der Tat,
denn er brachte niemandem Glück,
nur der Mörder kehrt manchmal zurück!

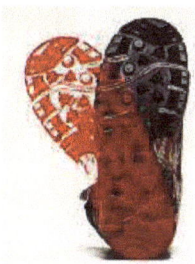

Die unsichtbare Macht

Dir geht es nicht gut, ich kann's in Deinem Lächeln
sehen,
Du bist müde, kannst die Welt nicht mehr verstehen,
Du fühlst nichts mehr außer Traurigkeit
und bist manchmal sogar zum Sterben bereit!
Die Hoffnung ging verloren im Nirgendwo,
immer wieder fragst Du Dich: Wieso?
Kannst keine Antwort und keine Ruhe finden,
werden die Dämonen je verschwinden?

Die unsichtbare Macht
raubt Dir jeden Mut und alle Kraft,
Deine Seele kann nicht atmen, ist gefangen
und nur die Dunkelheit will zu Dir gelangen!
Du fühlst Dich traurig und leer,
der Himmel grau, keine Sterne mehr,
die Gedanken trübe, jede Freude verschwunden,
so drehst Du die immer gleichen Runden!

Egal was ich sage, es wird Dich nicht erreichen,
denn alles Licht muss dunklen Schatten weichen,
sie lähmen Dich, umschlingen Dein Herz,
es ist so kalt und alles voller Schmerz!
Depressionen sind eine Krankheit, sie blenden Deine
Sicht,
Du musst Dir helfen lassen, schäme Dich nicht!
Es wird Dir wieder besser gehen, ich glaube daran
und dann fängt Dein Leben voll Sonne an!

Mobbing

Ich habe Dir noch nie etwas getan,
doch Du siehst mich so verachtend an,
als hätt ich Dich belogen, betrogen
und Deine ganze Welt verbogen,
ich hab schon verstanden, Du läufst in der Meute mit,
Du tust es, weil sie es tun, doch Schritt für Schritt,
verfolgt Dich ein Gefühl, das flüstert: Bitte nicht ich!
Doch stell Dir einmal vor, alle wären gegen Dich!

Spürst Du die Tausend Splitter,
jede Sekunde schmeckt so bitter
und jeder neue Tag tut weh,
wenn ich vor der Schule steh,
keiner redet mit mir, ich kenne keinen Grund,
kein einziges Wort kommt aus Deinem Mund!

Du hast keine Ahnung, wie es mir wirklich geht
und ich glaube nicht, dass Du oder jemand sonst
versteht,
Euer Spiel ist einfach nur verletzend und gemein,
doch ich werde nicht länger Euer Opfer sein,
denn jedes Mal wenn Ihr über mich lacht,
habt Ihr mich damit nur stärker gemacht
und das Leben ist wie ein Boomerang, Du wirst es sehen
Deine Taten kommen zurück, werden Dir geschehen!

Altersarmut

Er hat immer nur gearbeitet, sich selten was gegönnt,
heut bereut er, dass er weiß, wie es ist, wenn man durch
sein Leben rennt,
er hat vergessen, die Liebe zu berühren,
Sonne, Mond und Meer zu spüren,
er hat keine schönen Momente als Erinnerung
und er wünscht sich, er wäre nochmal jung!
Heute lebt er von der Hand in den Mund
und sein Blick verrät mir, er wüsste gern den Grund!

„Warum reicht es nicht, jetzt wo ich nicht mehr arbeiten
kann?
Ich bin ein alter, trauriger, gebrochener Mann
und trage an der Last des Alters schwer
und freue mich über jede Pfandflasche mehr,
sie bedeutet mal ein Brötchen hier, mal ein Kaffee dort
und für diese Augenblicke ist die Welt ein schöner Ort!"

Er hat gesagt, er weiß erst jetzt, dass Arbeit nicht alles
ist
und das er manchmal die Liebe sehr vermisst,
er hat das Gefühl, er braucht wirklich nicht viel,
doch so zu leben, ist wie ein falsches Spiel,
er hat geweint und nahm meine Hand,
ich wünschte die Regeln wären fairer in diesem Land,
denn die Erkenntnis hat hart auf ihn gezielt,
sein einziger Wunsch jetzt war, er hätte gerne Geige
gespielt!

Frieren in der Sonne

Ich friere in der Sonne,
wenn Du bei mir bist
und ich friere in der Sonne,
wenn Du mich küsst!

Die Sonne ist heiß, brennt auf der Haut,
Du lächelst und alles wirkt vertraut,
niemand sieht die Wolken da oben,
niemand sieht den Himmel toben,
denn alle hältst Du in Deinem Bann gefangen,
willst Applaus und Ruhm erlangen!

Ich friere in der Sonne,
wenn Du bei mir bist
und ich friere in der Sonne,
wenn Du mich küsst!

Jeder denkt, was für ein toller Mann,
reich, charmant, einer der es kann,
alle Frauen umschwärmen Dich,
doch an Deiner Seite bin ich
und ich muss schweigend tun, als wenn nichts wär,
dabei sind Deine letzten Schläge noch nicht lange her!

Verlorene Flügel

Verträumte Jahre in Seligkeit,
Winter im Herzen macht sich breit,
gefühlte Trauer, Erinnerung,
nur die Liebe blieb jung!
Sehnsucht in den Augen,
die Hoffnung im Glauben,
die Zukunft im Blick,
es gibt kein Zurück!

Ich hab meine Flügel verloren,
dabei wollte ich gen Himmel starten,
nun sitz ich traurig da,
doch ich kann nicht mehr warten!

Dreh am Rad der Zeit,
tauch ein in die Ewigkeit,
vergiss Schmerz und Trauer,
nichts ist von Dauer!
Die Erde dreht sich immer wieder,
Kämpfer sind Krieger,
Rache ist Blut, nie gut gemeint
und nichts ist so, wie es scheint!

Tiefer Schlaf

Ich wusste, der Tag würde kommen
und schob ihn in die Unendlichkeit,
nun sind die Stunden zerronnen
und es ist soweit!
Deine Augen sind geschlossen,
Du atmest nicht mehr,
hab ich jeden Tag genossen?
Warum vermiss ich Dich so sehr?

Du liegst in tiefem Schlaf
und bewegst Dich nicht,
keine Träume, keine Tränen im Gesicht!
Ich bin bei Dir, wenn Du erwachst!

Deine Hand ist kalt, still liegst Du da,
ich versteh das alles kaum,
und wünschte, es wäre nicht wahr,
jemand weckt mich aus meinem Traum
und ich fühl mich wie im Regen,
zwischen Gewitter, Donner, Blitzen,
der Himmel schenkt mir seinen Segen
und ich bleib an Deinem Grab sitzen!

Eine Geschichte

Wenn Du mal einen Bettler siehst
und ängstlich vor ihm fliehst,
weil er fürchterlich aussieht, die Hosen sind zerrissen
und es riecht verdammt beschissen,
dann schau Dir seine Augen an,
weil man darin lesen kann!
Wenn Du mal einen Obdachlosen anschaust
und Dich nicht in seine Nähe traust,
wenn er seine Habseligkeiten in einem Wagen schiebt
und den Hund füttert, den er so liebt,
dann schau Dir seine Augen an,
weil man darin lesen kann!

Beurteile niemandem nach seinem Aussehen
oder seiner Art zu leben,
das Aussehen kann täuschen,
denn das Herz birgt das wahre Leben!
Und bedenke bei Deinem Gerichte,
hinter jedem Schicksal steckt immer eine Geschichte!

Wenn Du Menschen siehst, die arbeitslos sind
und an jeder Hand ein schreiendes Kind,
Klamotten, die keinen Markennamen haben,
nach Urlaub, Kino, Essen musst Du nicht fragen,
dann schau Dir die Augen an,
weil man darin lesen kann!
Wenn Leute in die Suppenküche gehen,
musst Du das nicht verstehen,
manche schämen sich dafür, doch Hunger tut weh
und es gibt noch viel mehr Elend, was ich so seh!
Ich hab in viele Augen geschaut
und viele haben mir ihr Schicksal anvertraut!

Weil hinter dem Meer die Welt beginnt

Das Leben gibt uns manchmal schlechte Karten
und manchmal muss man auf sein Glück lange warten,
manchmal weiß man nicht, was leben heißt,
manchmal ist nichts, alles was man weiß,
mal will man Karriere und Geld,
ein schönes Leben und fliegen um die ganze Welt,
große Ehrung und berühmt zu sein,
bis man erkennt, diesen Preis zahlt man allein!
Dann will man Liebe, zärtliche Zweisamkeit
und lebt nur für gemeinsame Zeit!

Weil hinter dem Meer die Welt beginnt,
will ich tanzen mit dem Wind,
treiben auf Wellen in den Sand,
bis mein Leben zu mir fand!

Manchmal braucht man eine Weile, um zu verstehen,
welchen der Wege will man gehen,
damit Herz und Seele glücklich sind?
Gehört zur Zukunft ein Kind?
Will man Verantwortung für ein Tier?
Was gehört zum glücklichen Leben hier?
Ein Haus mit Garten oder ein anderes Land?
Eine Finca am Meer oder prominent erkannt?
Grübelst Du auch so manche Nacht,
finde heraus, was Dich wirklich glücklich macht!

Wenn Zeugen schweigen

Es passiert auf der Straße, jeden Tag,
ein Streit, ein Kampf, ein Schuss, ein Eklat,
Du bist dabei und drehst Dich weg,
ja, was kümmert Dich der Dreck?
Dein Nachbar schlägt seine Frau
und das weißt Du auch genau,
ihre blauen Flecken berühren nicht Dein Herz,
denn Du kennst ihn nicht, den Schmerz!
Einem alten Mann raubt man seine Tasche,
die Freundlichkeit davor, war nur Masche,
ist doch seine eigene Schuld, denkst Du,
gehst weiter und machst die Augen zu!

Wenn Zeugen schweigen,
müssen Opfer leiden
und Täter kommen ungestraft davon!
Wenn Zeugen still sind,
hat schon so manches Kind,
den Glauben an Gerechtigkeit verloren!

Zwei Männer küssen und Hass macht sich breit,
zur Toleranz sind noch nicht viele bereit!
Ein Kind schreit im Haus nebenan,
so laut, dass man es überall hören kann,
bevor ihm Sachen eingeflößt werden,
die stärker sind, als tausend Herden
und es gefügig machen,
für dreckige Video-Sachen!
Jemand zündet Häuser an,
weil er die Menschen, die dort wohnen, nicht leiden
kann,
warum wohnen die auch hier, denkst Du,
gehst weiter und machst die Augen zu!

Wer immer nur die Augen schließt,
wird die Wahrheit nie sehen,
wer als Zeuge schweigt,
wird das Leben nie verstehen!
Zum „Dazwischen gehen" gehört Mut dazu,
doch bedenke, vielleicht bist eines Tages das Opfer: DU!

Sie wartete, ohne zu wissen worauf

Sie sitzt an der Bar, wie jede Nacht,
ihr Schicksal hat es ihr nicht leicht gemacht,
der rote Wein könnte dunkler sein
und weniger Tränen im Kerzenschein,
der Barkeeper lächelte sie an,
trocknet die Gläser und sagte dann:
"Lady, für heute reicht es doch!",
sie antwortete: „Ein Glas, bitte noch!"

Sie wartete, ohne zu wissen worauf,
sie nahm all die Wartezeit in Kauf,
sie hoffte, es würde besser mit der Zeit
und die Stunden vergingen bis zur Ewigkeit!

Die Bar wurde leer und draußen wurde es hell,
auch diese Nacht verging zu schnell,
sie ist noch nicht müde, hat keine Lust zu gehen,
sie hofft, was aufregendes würde geschehen,
doch die Stühle werden schon hochgestellt
und sie dreht sich weiter diese Welt,
der Barkeeper sagt ihr: „Bis morgen, Lady, Bye, Bye!"
und sie sagt leise: „Lieber Gott, verzeih!"

Wenn Sterne fallen

Warum musstet Ihr Euch trennen,
ich kann das nicht verstehen,
denn wenn zwei Herzen brennen,
kann man doch alles überstehen!
Warum schafft Ihr nicht aus der Welt,
was zu den Schwierigkeiten führt,
denn wenn uns nichts mehr zusammenhält,
hat uns die Liebe nicht berührt!

Wenn Sterne fallen
und Echos verhallen,
wenn Gefühle verwirren
und Gedanken nur noch irren,
wenn Tränen nicht zu halten sind
und viel zu kühl weht der Wind!

Warum fühlt es sich so an,
als muss ich mich entscheiden,
denn wo ich leben kann,
liegt nun an Euch Beiden!
Warum fällt es mir unendlich schwer,
es so wie es ist, zu akzeptieren,
ich liebe Euch doch beide sehr
und will Euch nicht verlieren!

Zwölf Winter

Strafe muss sein, sagt das Gericht,
keine Tränen auf meinem Gesicht,
ich hab es verdient, nehm es an,
ja, ich ertrag es wie ein Mann,
Handschellen führen mich in die andere Welt,
hier kann ich nicht leben, wie es mir gefällt,
alles Leben bleibt in einem kleinen Raum,
alles Wahrheit und kein böser Traum!

Zwölf Winter sind vorbei
und ich bin wieder frei,
spür wieder Leben auf der Haut,
doch die Gitter waren so vertraut!

Zwölf Jahre sind mit der Zeit gegangen,
jetzt bin ich raus, doch hab Tränen auf den Wangen,
alles war Gewohnheit, alles ist neu,
die stille Freiheit macht mich scheu,
denn die Welt da draußen, kenn ich nicht mehr,
denn die Welt da draußen, ist lange her,
meine Tat ist zwar nicht geglückt,
doch vielleicht will ich nur zurück!

So ließ die Liebe Dich zurück

Die Worte, die sagten, es ist vorbei,
das Herz, es brach so plötzlich entzwei,
in tausend Splittern lag es da
und war von nun an in Gefahr!
Leblos schlug es weiter jede Sekunde
und drehte müde seine Runde,
gebrochen und in schweren Eisenketten,
war es nun nicht mehr zu retten!

Verloren in Gefühlen und im Regen,
wolltest Du Dich auf Gleise legen,
eisgekühlt und mit leerem Blick,
so ließ die Liebe Dich zurück!

Betrogen und seltsam alt,
verborgen in einer fremden Gestalt,
schlich sich auf und davon das Leben,
übrig blieb ein Gefühl von Schweben!
Wieso kämpft es weiter Schlag für Schlag,
wenn alles stirbt, was ich mag,
keine Worte können es beschreiben,
denn Du willst nicht mehr bleiben!

Ort der Sehnsucht

Ich fuhr bei Nacht über die Autobahn,
da zeigte ein Schild „Paris" und „Lyon" an,
ein kurzes Zögern, dann bog ich ab,
die Zeit des Lebens ist knapp!
Ich hatte keine Ahnung wohin die Straße führt,
doch etwas nahm mich mit, ich hab's gespürt!
Die Dunkelheit und Fremde zog mich an,
auch wenn ich nicht weiß, wo dieser Weg noch enden
kann!

Kein Licht, kein Schild zeigte mir, wo ich bin,
doch bei all den Sternen erkannte ich den Sinn,
ich war immer vor mir selbst auf der Flucht,
jetzt erreichte ich den Ort der Sehnsucht!

Ich war noch nie hier, doch alles war so vertraut,
als hätte ich hier gelebt, ein Haus gebaut,
jeden Stein, jede Blume hab ich schon mal berührt,
so mancher Traum hat mich hierher geführt!
Die Stille hüllt mich friedlich ein,
hier sollte ich für immer sein,
doch ich wusste, dass ich nicht bleiben kann,
denn an diesem Ort fehlte noch ein Mann!

Morgen schon

Heute ist heute und tut manchmal weh,
doch wenn ich den neuen Morgen seh,
dann weiß ich, es kommt noch mehr,
kein Herz schwimmt ewig leer!
Vergangenheit, ich sperr Dich ein,
niemals mehr sollst Du Begleiter sein,
denn es tut zu weh, Dich zu fühlen
und heiße Wunden zu kühlen!

Morgen schon,
wird alles anders sein,
morgen schon,
bin ich nicht mehr allein!
Morgen schon,
kann alles anders sein,
morgen schon,
träum ich mich in die Welt hinein!

Eine Nacht zwischen gestern und heute
und des Wahnsinns fette Beute,
regiert Herz, Gefühl und Verstand,
verschwunden sind die Spuren im Sand!
Zukunft, ich freu mich auf Dich
und hoffentlich liebst Du mich,
denn in Dir gedenke ich zu leben
und Du sollst mir was schönes geben!

Von Tagen ohne Nächte

Auf der bunten Umlaufbahn,
kam ich in dieser Stunde an,
jede Bar 24 Stunden offen,
vom Rauchverbot nicht betroffen,
Musik so laut, wie nie,
gut tanzbare Melodie,
von Neonlicht geblendet
und den Blick nicht gewendet!

Von Tagen ohne Nächte,
wo sich das wilde Leben rächte,
doch für den Regenbogen-Horizont
hat sich diese Zeit gelohnt!

Coole Männer,
Tänzer, Frauenkenner,
pulsierendes Blut,
feurige Glut,
berauschendes Spiel,
das mir so gefiel
und ich nahm den freien Fall,
denn ich war auf dem Maskenball!

Unter Eis

Erst dunkle Worte, dann dunkle Gedanken,
brachten meine starke Welt ins Wanken,
ich fühlte mich so rettungslos verloren
und wie unter Eis geboren,
Tränen fanden keinen Weg in die Nacht,
ich hab vergessen, wie man lacht!

Ich spüre die Sonne nicht mehr auf meiner Haut,
alles ist fremd, nichts vertraut,
ich höre mein Herz nicht mehr schlagen
und mich keine Worte mehr sagen,
ich lebe unter Eis, tief gefroren, gefangen,
wie kann ich zum Licht gelangen?

Wo ist eine rettende Hand, die ich greifen kann?
Wann fängt mein schönes Leben an?
Wann spüre ich nicht mehr den kalten Wind
und das meine Träume am Leben sind?
Warum fällt mir das Atmen so schwer?
Warum ist meine Welt so unendlich leer?

Savoir-vivre

Ein bunter Cocktail in einer dunklen Bar,
eine Nacht, die noch viel schöner war,
ein aufregender Mann an der Seite,
wie ein Prinz, der mal eben so daher reite,
eine Party bis zum Morgenrot,
ein Herz voll Sehnsucht bis zum Tod!

Savoir-vivre,
es lebe der Moment,
die Liebe und Gefühle,
sie folgen keinem Trend!

Ein blaues Meer aus Träumen,
ein Feld aus Blütenräumen,
eine tiefe Spur im Sand von Dir,
wie ein Zeichen, gabst Du's mir,
eine Begegnung, die mich berührt,
ein Augenblick, der mich verführt!

Böse Träume

Im Traum blitzt ein Messer,
ein Stich, ein Schrei, blinde Wut,
ich fühl mich besser
und all das Blut
im ganzen Haus,
kann den Blick nicht wenden,
ja, das sieht doch nach Sterben aus
und nun muss ich's beenden!

Böse Träume verfolgen mich,
in diesen Zeiten seh ich Dich,
Du hast mich so verletzt,
mein liebendes Herz zerfetzt
und nun schreit meine Seele „Rache",
wenn ich Dich fertig mache!

Im Traum ertönt ein Schuss,
dann atemlose Stille, ein Fall
und zum bitteren Schluss,
noch ein tosender Knall,
es ist vollbracht, getan,
mir geht es so gut,
denn nun kam bei Dir an,
was mich reizte bis auf's Blut!

Viel zu kühl wehte der Wind

Momente, die vergangen sind,
gehören der Erinnerung und dem Wind,
häng nicht Deinen Traum an sie,
es ist eine verlorene Melodie,
die schon längst verklungen ist,
doch die Du immer noch vermisst,
träum von neuen Augenblicken, bunt und schön,
lass die Vergangenheit doch endlich ziehen!

Such nicht in Erinnerung was mal Dein Leben war,
die Vergangenheit bringt die Zukunft in Gefahr,
wenn Du an Träumen hängst, die schon verloren sind
und viel zu kühl wehte der Wind!

Nichts ist für ewig, nichts ist für immer,
das nicht zu verstehen, macht es nur schlimmer,
dabei liegt das Ziel, das Zukunft heißt, vor Dir,
Dein Leben atmet im Heute und Hier,
Du verlierst nichts, wenn Du weiter gehst,
weil nur Du Dir selbst im Wege stehst,
doch meine Worte erreichen Dich nicht,
Du schaust zurück und suchst das Licht!

Das Spiel mit dem Feuer

Ein Gefühl, dass im Verborgenen blieb,
ein Brief, den niemand schrieb,
den Moment, etwas zu sagen, gehasst,
eine Freundschaft, zu der keine Liebe passt,
eine einzige Frage – nie gestellt,
ein anderes Leben, eine andere Welt!

Das Spiel mit dem Feuer ist heiß und wild,
doch nur in Träumen wird Deine Fantasie gestillt,
das Spiel mit dem Feuer ist wild und heiß,
gibst Du nach, zahlst Du den Preis!

Doch Erinnerungen sterben nicht,
sie werfen manchmal Fragen ins Licht,
was wäre wenn, man nicht zu feige war,
wär es Liebe und wär sie heut noch da?
Doch wir werden es nie erfahren, der Preis ist zu teuer,
es ist und bleibt das Spiel mit dem Feuer!

Nacht überm Meer

Die Sonne scheint, doch Du atmest Dunkelheit,
die Gefährtin Deiner Nächte ist nur die Zeit,
der Wind weht kalt und legt sich um Dein Herz,
Du gehst durch tiefen Schnee und es ist März,
vergiss doch für einen Augenblick, wohin der Weg Dich
führt
und erinnere Dich daran, wie es ist, wenn man das
Leben spürt,
sonst kommt ein neuer Morgen niemals mehr,
darum tanz mit mir in die Nacht überm Meer …

Deine Gedanken kreisen immer, still und laut,
zu Lieben hast Du Dich nie wieder getraut,
Du kannst nicht verstehen und nicht verzeihen
und Dich von dieser Macht nicht mehr befreien,
Dein Leben zieht weiter in einer fernen Umlaufbahn,
Deine Sehnsucht kommt nicht an Dich heran
müde Augen blicken stumm und leer
und verloren ist die Nacht überm Meer!

Ich hab noch nie mein Herz verraten

Ich hab versucht zu meinem Ziel zu gehen,
blieb unterwegs auch manchmal stehen,
bekam verlockende Angebote,
erfüllte unbewusst so manche Quote,
lief durch Regen und Wind
und war wild wie ein Kind,
doch ...

Ich hab noch nie mein Herz verraten,
bei keiner meiner Taten,
ging stolz und unbeirrt meinen Weg
und wenn ich mich unter den Himmel leg,
kann ich in die Wolken schauen
und immer dem Leben vertrauen!

Ich kam auch mal vom Wege ab
und verfehlte meine Wünsche knapp,
verlor Tränen und hatte Wut,
doch ich wusste, alles wird gut,
wenn ich an jeden Morgen glauben kann,
dann komme ich auch überall an!

Die Tat

Geblendet in einer Welt aus bunten Träumen,
wolltest Du keinen Tag versäumen,
im Gefühl vom Risiko,
liebtest Du das Leben so,
Du warst nicht achtsam, nicht geduldig,
doch niemand sprach Dich schuldig,
denn als Du das ganze Ausmaß hast erkannt,
bist Du feige davon gerannt!

Nun lebst Du mit der Tat,
die Du begangen hast,
nie vergisst Du diesen Tag,
trägst diese tiefe Last!
Nun quälen Dich die Bilder,
von diesem Augenblick,
überall nur Schilder,
ihr Name und kein Zurück!

Du hast Dich verändert, seit es geschah,
Du lebst Dein Leben und bist doch nicht da,
die Erinnerung kommt und geht,
Du redest nicht mehr, was keiner versteht,
Du tust nicht mehr so, als ob Du was verpasst,
seit Du einen Menschen auf dem Gewissen hast,
als Du zu schnell gefahren bist
und auch Dein Leben zu Ende gegangen ist!

Die Zeit heilt keine Wunden

Die Zeit heilt keine Wunden,
nicht in Jahren, nicht in Stunden,
nicht für den, den Tausend Splitter durchbohrten,
der Lügen fand, in schönen Worten,
der weiß, dass das Salz der Tränen bitter schmeckt
und das Schönheit nicht die wahre Liebe weckt,
nicht für den, der sich in der Dunkelheit verirrt
und der weiß, das ein Traum nur ein Traum bleiben wird,
der einen geliebten Menschen verlor
und den, der ewige Treue schwor,
nicht für den, der schon am Boden lag
und den, der zu verzeihen mag,
der sein Leben nie lebte nach eigener Version,
dessen Stimme zu leise war für jeden lauten Ton,
denn wenn man sich gefangen fühlt zwischen den
Sekunden,
dann heilt die Zeit keine Wunden!

Wolkenkinder

Das Ergebnis kam so deutlich ungeplant,
nur einen Augenblick und kurz geahnt,
was es nun bedeuten kann,
ein Kind - ohne Zukunft, ohne Mann,
wie ist das zu schaffen, wie soll das gehen?
Kein Land, kein Licht, kein Ziel zu sehen!
Eine Stimme sagte; irgendwo wartet jemand vielleicht,
den dieses kleine Leben, dieses Gefühl erreicht
und der sich kümmern wird, sorge Dich nicht,
doch kalt ist das Herz, wenn ein Teil zerbricht!

Wolkenkinder
schweben immer zwischen Wahrheit und Leben,
denn trotz des Willens war der Mut nicht da,
es hat nicht gereicht, um Liebe zu geben
und es bleibt die eine Frage nur,
warum verfolgt mich diese Spur?

Das Leben geht weiter, sind die Wege auch getrennt,
es bleiben die Träume, in denen man den Namen nennt
und immer wieder kommen diese Fragen,
die so viel und auch nichts sagen,
Wut und Tränen, die man nicht bannen kann,
man kämpft umsonst gegen das Vergessen an!
Die Wahrheit schmeckt bitter,
in der Seele stecken Splitter,
weil man den Schmerz so deutlich spürt
und das Wort: Familie den Sinn verliert!

Schwarzer Regen

Schwarzer Regen fällt
und er zerstört unsere schöne Welt,
er lebt vom Hass und bringt den Tod,
das Blut färbt den Himmel rot!
Das Leben ist kostbar, jeden Augenblick,
dieser Erde fehlt die Liebe und das Glück ...

Menschen töten fremde Menschen in einer großen Stadt,
weil der Glaube für sie eine wahnsinnige Bedeutung hat,
sie denken nicht daran, dass es unschuldige Seelen sind,
ein Liebender, ein Träumer, ein Held, ein Kind
und was es für die bedeutet, die dann jemanden
vermissen
und von nun an, mit dieser Frage leben müssen!

Ich kann diese Welt nicht mehr verstehen,
wird das jetzt jeden Tag so weitergehen?
Ein Krieg der einfach nichts übrig lässt,
nur die Waffen-Industrie feiert ein Fest!
Die Weichen für eine ungewisse Zukunft sind gestellt,
denn schwarzer Regen fällt und fällt und fällt ...

Deine Welt dreht sich

Deine Welt ist anders, irgendwie so rund,
doch niemals kam ein klagendes Wort aus Deinem Mund,
stattdessen sagst Du: „Das Leben ist trotzdem schön,
das kann man auch mit meinen Augen sehen
und nur weil ich nicht laufen kann,
fang ich nicht zu zweifeln an!
Ich hab gelernt jeden Tag zu leben,
das hat mir immer viel gegeben
und ich bin dankbar für jeden Augenblick,
ich schau nur nach vorn, nie zurück!"

Deine Welt dreht sich bunt und farbenfroh,
ohne die Frage, warum ist das so!
Vier Pfoten begleiten Dich voll Liebe und Licht
und „Das geht nicht!" gibt es nicht!

Du machst auch vielen anderen Menschen Mut
und Deine Hoffnung tut unendlich gut,
Du gönnst Dir schöne Tage am Meer,
auch Momente groß und schwer,
doch es gewinnt immer die Lust aufs Glücklichsein,
denn Du bist nie wirklich allein!
Von Dir hab ich gelernt, es liegt immer nur daran,
wie dunkel oder schön, man das Leben sehen kann
und es ist, als ob man sich schon ewig kennt,
ich danke Dir für diesen Glücksmoment!

Bist Du noch wach?

Du wohnst schon lange in diesem Haus,
gehst immer früh zur Arbeit raus
und kommst abends spät zurück,
mehr brauchst Du nicht für Dein Lebensglück,
wer neben Dir wohnt, weißt Du nicht,
Du kennst keine Namen und kein Gesicht,
doch Du spürst, dass jede Nacht etwas geschieht,
was nicht sein darf und nur weil Dein Verstand Dir riet,
es auszublenden, nicht zu sehen,
muss ein Kind durch die Hölle gehen!

Bist Du noch wach oder kannst Du schlafen?
Liegt Dein Schiff wieder im sicheren Hafen?
Du hörst ihr Weinen, doch hinter verschlossenen Türen,
kann Dich nichts mehr berühren!

Jeden neuen Morgen beginnst Du wie immer,
doch jeder neue Morgen macht es für ein Herz
schlimmer,
das am Leben verzweifelt, einsam ist
und manchmal denkt, dass Du die Hoffnung bist,
wenn im Treppenhaus kurz ein Augenblick,
sagt: Hilf mir, hol mich ins Leben zurück!
Doch Du denkst, das wird schon gut gehen
und jemand anders wird's schon sehen
und kann helfen, ach, das wird schon werden …
… und lässt eine kleine Seele sterben!

Ich kann den Mond nicht sehen

Wären wir einfach nur Freunde geblieben,
hätte der Wind dieses Lied nicht geschrieben,
es lief doch alles so unkompliziert,
doch dann ist diese Nacht passiert,
die Sterne leuchteten so schön,
wir konnten nicht widerstehen!

Ich kann den Mond nicht sehen
und diesen Weg nicht gehen,
all die Fragen in Deinem Gesicht,
doch lieben kann ich Dich nicht!

Nun ist alles anders, verspielt das Gefühl,
das Vertraute fehlt, es ist unendlich kühl,
wir können jetzt nicht mal mehr Freunde sein,
ein Sturm brach über uns herein,
Du wolltest Liebe, ich fühle nicht wie Du
und dann fielen alle Türen zu!

Weil das Leben verschlungene Wege geht

Ein Ereignis – befürchtet und erahnt,
traf Dich jetzt doch so ungeplant,
nun musst Du reagieren, Dinge überdenken
und Dein Leben in neue Bahnen lenken,
endlich bist Du aufgewacht,
aus Deiner tief-schwarzen Nacht,
glaubst nicht mehr mit dem letzten Mut,
so wie es war, wird noch alles gut,
die Illusion wohnte zu lange in Deinem Haus,
doch die Wahrheit sah ganz anders aus!

Weil das Leben verschlungene Wege geht,
ist vielleicht noch nicht alles zu spät,
Du siehst die Dinge endlich klarer
und die Wahrheit etwas wahrer!

Worte – egal von wem, konnten Dich nicht erreichen,
nun stellte das Schicksal Dir neue Weichen,
endlich träumst Du nicht mehr den Traum von Harmonie,
denn dieser Wunsch erfüllt sich nie,
ohne Respekt und Menschlichkeit,
doch Du warst so lange blind für die Zeichen der Zeit,
nun willst Du keine mehr mit Hoffnung verschwenden
und lässt Dich endlich nicht mehr blenden,
von Taten, die Dein Leben überwachten,
von Lügen, die Dir nur Schmerzen brachten!

Zweite Chance

Du bist mir begegnet, da war ich viel zu jung,
lebte für heute, nicht für die Erinnerung,
wusste gar nicht, was Liebe wirklich ist
und wie man jemanden vermisst,
wollte nur feiern und viel Spaß
und immer ein ganz volles Glas,
mit Deinen Gefühlen hab ich gespielt
und mitten in Dein Herz gezielt!

Doch Jahre später blicke ich zurück,
hatte mit der Liebe nie viel Glück,
weil kein Mann die Welt so sah, wie Du,
sind jetzt alle Türen zu?
Ich denke Tag und Nacht an Dich,
gibt es eine zweite Chance für mich?

Heute bin ich älter und ich weiß,
alles im Leben hat seinen Preis,
vielleicht ist es jetzt bereits zu spät,
weil sich jeder Zeiger weiter dreht,
wahrscheinlich bist Du heute glücklich verliebt
und hast vergessen, das es mich gibt,
doch wenn Du immer noch träumst von mir,
dann treffen wir uns heute und hier!

Dein Leben ruft nach Dir

Verloren schaust Du den Wolken hinterher,
sie fliegen vorbei, so leicht und so schwer,
die Welt zieht eilig an Dir vorbei
und Du fühlst Dich nicht frei,
kannst nicht atmen und nicht leben,
bist irgendwo zwischen fallen und schweben
und wenn Du so ohne Liebe tanzt,
weißt Du nicht, wie Du entkommen kannst!

Dein Leben ruft nach Dir,
kannst Du es hören?
Dein Leben ruft nach Dir
und Du musst schwören,
dass Du es lebst!

Lass die Vergangenheit ziehen,
im Winter können keine Rosen blühen,
Du kannst nur leben mit dem Glück
ohne einen Blick zurück,
denn vor Dir liegt der Moment der Zeit,
steh auf und sei bereit,
keine Tränen mehr zu vergießen
und jeden Augenblick zu genießen!

Das Leben hat viele Gesichter ... und jeder kennt ein paar davon, viele sind schmerzvoll, viele fröhlich, viele träumen, viele hoffen, viele weinen, viele lächeln, viele sind stark für Andere, viele täuschen, viele sind echt, viele sind liebenswert!

Das Leben hat viele Geschichten ... und jeder kennt ein paar davon, einige sind hart, einige sind unglaublich, einige kann man nur erträumen, einige sind gelogen, einige befinden sich im freien Fall, einige möchte man gar nicht hören!

Das Leben hat viele Worte ... und jeder kennt ein paar davon, sie sind lebensbejahend, sie sind traurig, sie sind Mut machend, sie sind beruhigend, sie gehen tief ins Herz, sie treffen den Nerv der Zeit, sie werden nicht gebraucht!

Zeitfracht Medien GmbH
Ferdinand-Jühlke-Straße 7
99095 Erfurt, Deutschland
produktsicherheit@kolibri360.de